DU BIST MEINE

Lieblings Mama

Du bist einfach
die beste Mama,
die man sich nur vorstellen kann!

Es gibt ungefähr eintausend
kleine und große Gründe,
warum du meine absolute
Lieblingsmama bist.
Ein paar von ihnen findest du
auf den nächsten Seiten.
Danke, dass es dich gibt,

Mama.

Mama, du
bist die weltbeste
Tränentrocknerin,
Sterneköchin,
Krisenmanagerin,
Modeberaterin und
Mutmacherin!

Die
allerbeste Mama
der Welt bist
DU,
weil du das leckerste
Trostessen zauberst, wenn
es mir einmal nicht
so gut geht.

MAMA, DU BIST MEINE

Heldin

weil du wie eine Löwin für mich kämpfst und Aufgeben für dich niemals eine Option ist!

Du bist die beste
Mama,
WEIL DEIN RAT
EINFACH IMMER DER KLÜGSTE IST.
AUCH WENN ICH ES
MANCHMAL NICHT SOFORT
ZUGEBEN WILL.

Seit ich klein bin, erklärst
du mir die Welt und findest für
jedes Problem eine Lösung.
Kannst du nicht? Gibt's nicht!
Denn du bist schließlich meine

Supermama!

Das Beste an mir
kommt von dir,
Lieblingsmama!

Du bist einfach die
ALLERBESTE,
weil du mich meinen
eigenen Weg gehen
lässt und mir Flügel
schenkst.

Du bist meine Herzens-mama,

weil deine Geduld
mit mir manchmal nahezu
unendlich scheint.

Egal, ob ich gerade in
Australien bin oder nur
nebenan – einen Teil meines
Herzens lasse ich immer bei dir.

Ich weiß, du passt gut darauf auf!

DU BIST DIE BESTE

Mama,

weil du aus jedem Ort eine warme,
liebevolle Wohlfühloase zaubern kannst.
Mein Zuhause ist, wo du bist.

Monster vertreiben
und Aua wegpusten ...
das ist nicht mehr so
einfach wie früher.

**Du bist meine
Lieblingsmama,**

weil dich das nicht davon abhält,
es trotzdem zu versuchen.

DU
bist meine Heldin,
weil dich so schnell nichts
aus der Fassung bringen
kann. Du bringst Ruhe
in mein Chaos.

Mama,

für mich bist du die Größte,
weil du mich ohne große Worte
verstehst. Ein Blick genügt und
du weißt genau, wie es mir geht.

Du bist meine
Lieblingsmama,

WEIL DU MIR GEDULDIG
ZUHÖRST UND MICH AUCH MAL
QUATSCH REDEN LÄSST,
BIS ES MIR BESSER GEHT.

Du nimmst
dir nie Urlaub vom

„MAMA-SEIN“

und bist an 365 Tagen
im Jahr für mich da.

Ich kann dir blind vertrauen

und weiß, dass du immer nur das
Beste für mich willst.
Auf niemanden kann ich mich so
verlassen wie auf dich.
Das ist in dieser wilden, verrückten
Welt ein echter Trost!

Egal,
wie alt ich bin ...
du päppelst mich auf,
wenn ich krank bin.
DEINE
Anwesenheit ist magisch –
mir geht es meistens
direkt viel besser.

Mit dir

kann man Pferde stehlen,
die schönsten Abenteuer erleben
und auch einfach mal
die Seele baumeln lassen.
Ich brauche keinen Wellnessurlaub –
oft reicht schon ein Tag mit dir.

Du bist die beste Mama,

weil du dir meistens ein
„Ich hab's dir ja gesagt!"
verkneifen kannst.
Auch wenn du NATÜRLICH
mal wieder recht hattest.

DU
hast mich bei meinen
ersten kleinen Schritten
begleitet und du sprichst
mir auch heute noch
Mut zu, wenn ich
große Schritte wage.

Du jonglierst Familie, Beruf
und vieles mehr und lässt es
ganz einfach aussehen – auch wenn
es das ganz bestimmt nicht ist.

Du bist meine
Heldin des Alltags!

Mama,

IM STURM DES LEBENS
BIST DU MEIN SICHERER ANKER,
MEIN FELS IN DER BRANDUNG,
MEIN HEIMATHAFEN.

DU

bist einfach die Beste,
weil du selbst das
letzte Törtchen mit mir
teilen würdest.

Danke Mama!

Bis heute erinnerst du mich daran, eine warme Jacke anzuziehen und bist immer um mein Wohlergehen besorgt.

DU
bist meine
Lieblingsmama,
weil ich bei dir für
immer ein bisschen
Kind sein darf.

und dein Glaube an mich,
meine Träume und Talente
ist unerschütterlich.
Das ist unendlich wertvoll,
liebe Mama!

Your're simply the best.

weil man mit dir die großen
und kleinen Momente
des Lebens feiern kann!

DU
bist die großartigste
Mama, weil du mir
eine Kindheit voller Liebe,
Geborgenheit und Wunder
geschenkt hast.

Danke,
dass du immer ein
bisschen Konfetti in
mein Leben pustest!

Die wundervollste
Mama

der Welt bist DU, weil ich bei dir einfach
ich selbst sein darf und mich nicht
anstrengen muss. Du hast mich lieb –
ohne Wenn und Aber.
Und ich dich mindestens genauso!

Du bist
die beste,

weil du unsere Familie
zusammenhältst wie
Sekundenkleber.
Ohne dich wäre alles
nur halb so schön!

Du bist meine
Lieblingsmama,
WEIL DU (FAST!) ALLE MEINE
GEHEIMNISSE KENNST UND SIE
HÜTEST WIE EINEN SCHATZ.

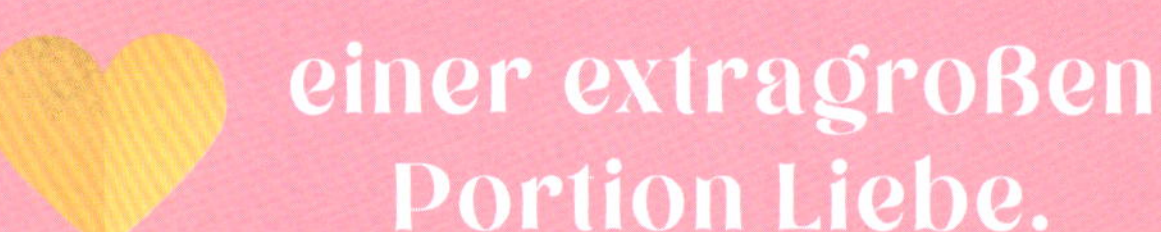

Ob kaputtes Knie,
verhauene Mathearbeit
oder Liebeskummer ...
Jede Träne trocknest du mit

**einer extragroßen
Portion Liebe.**

DEINE
Umarmungen sind die
weltallerbesten.
In deinen Armen fühle
ich mich, als wäre ich
wieder 5 Jahre alt –
klein und geborgen.

Du bist einfach die Beste,

weil du ehrlich mit mir bist,
wenn ich dich darum bitte.
Auch wenn die Wahrheit
mal weh tut.

DU BIST MEINE

Lieblingsmama

weil du mir erlaubst,
meine eigenen Fehler zu machen
und daraus zu lernen.

DU
bist meine Heldin,
weil du alles ersetzen kannst.
Aber niemand könnte
jemals dich ersetzen!

Egal, ob Pubertät,
Trotzphase oder Elternabende ...
dich zwingt so schnell
nichts in die Knie.

Du bist einfach bärenstark, Mama!

Obwohl ich
dir bis heute

manchmal den Schlaf raube,
bist du immer für mich da.
Selbst um 4 Uhr morgens.

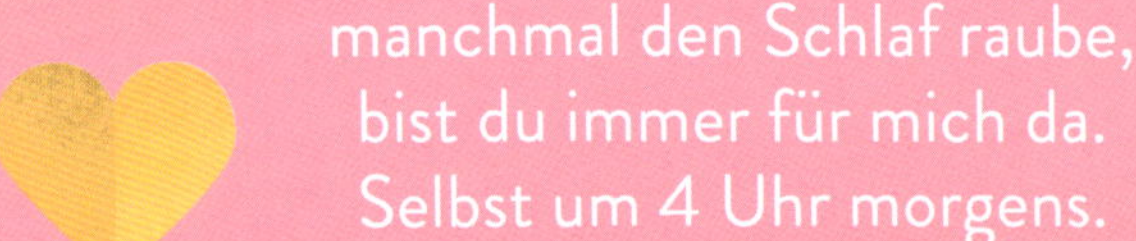

für mich bist du die Größte,
weil wir zusammenhalten,
auch wenn wir mal nicht einer
Meinung sind. Wir zwei sind
eben ein absolutes Dreamteam!

Die wunderbarste Mama

der Welt bist DU,
weil du mir unendlich viel
beigebracht hast und immer mein
großes Vorbild bleibst.

MAMA,
du hast ein Herz aus Gold
und verzeihst mir
jeden Blödsinn und Anfall
von schlechter Laune.

Du bist meine Lieblings-mama,

weil du mit deiner herzlichen
und lustigen Art
mein Leben ein bisschen bunter
und schöner machst.

Du fühlst dich an
wie Sonnenschein,
Mama!

DU BIST MEINE
Heldin

denn ein „Alles wird gut!"
von dir ist wie ein Zauberspruch –
plötzlich sieht die Welt schon
wieder heller aus.

Dank dir bin ich der Mensch,

DER ICH HEUTE BIN. EGAL,
WO ICH BIN – ICH TRAGE DEINE WERTE,
RATSCHLÄGE UND LIEBE IMMER
IN MEINEM HERZEN.

Für mich bist du die Größte,

weil du mich ziehen und
die Welt erobern lässt und ich
trotzdem immer wieder zu dir
zurückkehren darf.

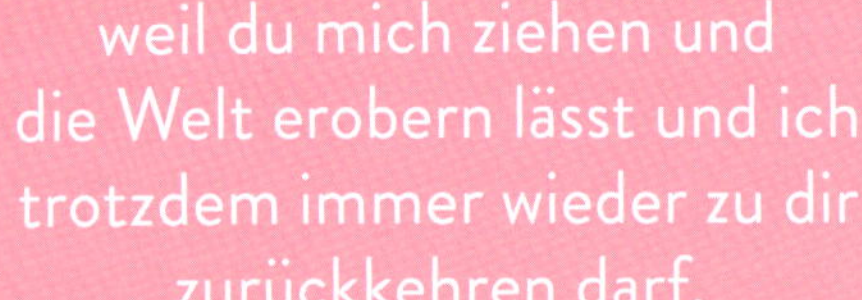

Für immer und ewig!

Bildnachweis: Cover: Shutterstock.com, dwph/stock.adobe.com (Goldfolie) Innenteil: Shutterstock.com, S. 32: KatrinaEra/stock.adobe.com, S. 37: colnihko/stock.adobe.com.

Cover: Sabine Schröder

Layout: Sabine Schröder

Satz: Konstantin Wohofsky | wohofsky.net

Gesamtherstellung: Printfactory, Istanbul

Du bist meine Lieblingsmama
GTIN 978-3-8485-0243-1
© 2024 Groh Verlag. Ein Imprint der Verlagsgruppe
Droemer Knaur GmbH & Co. KG, München
www.geschenkverlage.de

1 2 3 4 5